BABAR

les vacances de Zéphir

©2014, Hachette Livre
Édité par hachette Livre, 43 quai de grenelle, 75905 Paris Cedex 15, France.
Loi n°49-956 du 16 juillet 1949 sur les publications destinées à la jeunesse.
Imprimé par Orymu en Espagne. Achevé d'imprimer en janvier 2014.
ISBN : 978-2-01-227524-9. Dépôt légal : février 2014 – Édition 01

PAPIER À BASE DE
FIBRES CERTIFIÉES

hachette s'engage pour
l'environnement en réduisant
l'empreinte carbone de ses livres.
Celle de cet exemplaire est de :
125 g éq. CO_2
Rendez-vous sur
www.hachette-durable.fr

BABAR
les vacances de Zéphir

Jean de Brunhoff

hachette
JEUNESSE

À Célesteville, voici venues les vacances d'été.
Comme tous ses camarades les éléphants, le petit singe
Zéphir part en vacances.

Babar, Céleste, Arthur et la vieille dame sont venus
lui dire au revoir. Zéphir agite son mouchoir en criant
« au revoir ! »

Zéphir arrive à la gare
de la ville des singes
et se jette dans les bras
de sa maman.
« Comme tu as grandi,
mon chéri ! » lui dit-elle
en l'embrassant.

Le papa de Zéphir monte ses valises dans la maison pendant que sa maman fait cuire une bonne soupe de bananes au chocolat. Zéphir adore jouer à cache-cache dans les arbres avec ses frères.

Le lendemain, Zéphir découvre le cadeau que Babar
lui a envoyé : un bateau ! Il veut alors aller pêcher.
Inquiète, la princesse Isabelle dit à son père,
le général Huc : « Quel imprudent, ce Zéphir ! »

Sur son bateau, Zéphir s'étonne : « Mais qu'ai-je pêché là ? »
« Je m'appelle Éléonore. Je suis une sirène. Si un jour, vous
avez besoin de moi, jetez trois galets dans l'eau, dites mon
nom trois fois et je viendrais. »

De retour, Zéphir aperçoit les soldats du général Huc.
Un nuage vert à l'odeur de pommes pourries a emporté
la princesse Isabelle. Zéphir part rechercher la princesse,
prenant avec lui son beau violon.

Près de l'eau, il jette trois galets et crie trois fois :
« Éléonore ». La sirène apparaît et accepte de l'aider.
« Allons sur l'île sauvage où habite ma tante Crustadèle.
Elle nous conseillera. »

« Celui qui sent la pomme pourrie, c'est Polomoche !
assure Crustadèle. Ce monstre jaune vit avec les gogottes
sur son île. Il change en pierre quiconque l'énerve ! Pour
sauver Isabelle, il faut le faire rire ! »

Arrivé sur l'île, Zéphir
aperçoit de drôles
d'animaux et entend
une grosse voix qui
s'adresse à Isabelle :
« Ça suffit ! Tu pleures
toujours alors que je te
croyais drôle. J'en ai assez,
je vais te changer
en caillou. »

Zéphir s'approche alors des animaux. Isabelle le reconnaît mais ne dit rien. « Seigneur Polomoche, je suis clown-musicien, je vais vous amuser ! » Zéphir raconte de drôles d'histoires et tout le monde rit.

Zéphir prend son violon. Les animaux chantent
et dansent. Puis, fatigués, ils se couchent et se mettent…
à ronfler ! « C'est le moment de fuir » souffle Zéphir
à Isabelle. De loin, Éléonore leur fait signe.

Ils sont sauvés ! La terre est en vue. De tous côtés, les singes accourent. Le général Huc, soulagé, a sorti sa lorgnette pour regarder sa fille arriver. La famille de Zéphir pleure de joie. Ils sont enfin réunis !

Retrouve tous les titres

de cette collection !

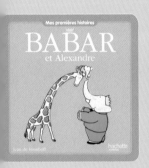

Mes premières histoires

BABAR
et Alexandre

Jean de Brunhoff

hachette
JEUNESSE

Mes premières histoires

BABAR
inquiet pour Cornélius

Jean de Brunhoff

hachette
JEUNESSE

Mes premières histoires

BABAR
et le crocodile

Jean de Brunhoff

hachette
JEUNESSE

Mes premières histoires

BABAR
les vacances de Zéphir

Jean de Brunhoff

hachette
JEUNESSE

Mes premières histoires

BABAR
retrouve ses amis

Jean de Brunhoff

hachette
JEUNESSE

Mes premières histoires

L'enfance de
BABAR

Jean de Brunhoff

hachette
JEUNESSE